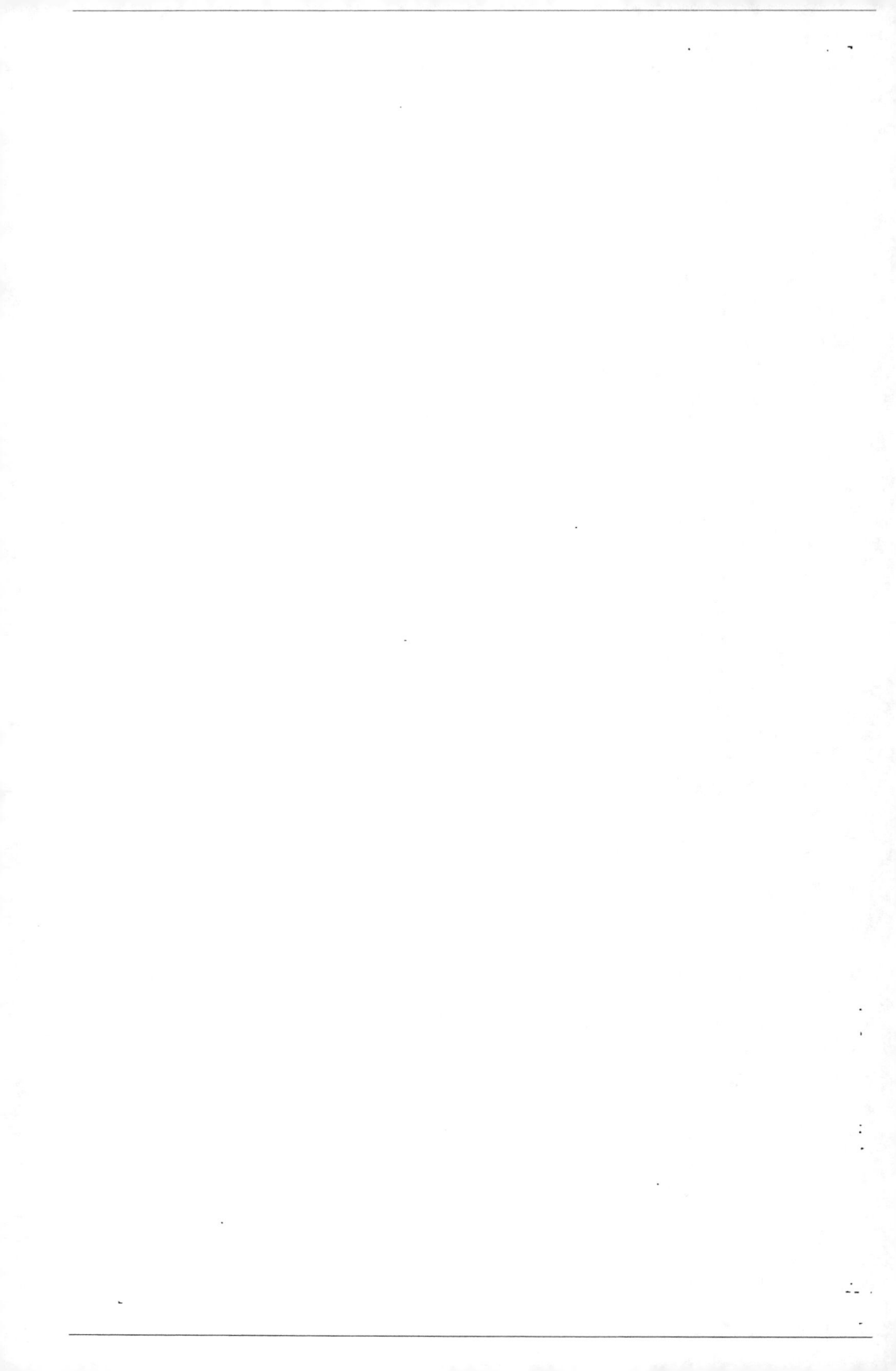

DISCOVRS

PRONONCE'

Dans l'Eglife du Monaftere de St. Guillen à Montpelier, à la Profeffion Religieufe de MARIE DE GVILLEMINET. Le 22. Novembre 1672.

PAR

M. Estienne Gras Profeffeur en Theologie, Chanoine & Chantre de l'Eglife Cathedrale de Montpelier.

A MONTPELIER,
Par DANIEL PECH Imprimeur ordinaire du Roy, de Monfeigneur l'Evefque, & de ladite Ville. 1673.

A
MADAME
LA DVCHESSE
DE VERNVEIL.

 *ADAME,*

*Aprez la grace que Vôtre Alteſſe
a fait à ce petit diſcours de l'oüyr,
& de luy donner méme ſon appro-
bation ; Ie prens la liberté de*

A 2

4

l'exposer au public soubs l'appuy de vôtre Illustre nom. I'advoüe, MADAME, que c'est une bien foible reconnoissance d'une double obligation que j'ay à Vôtre Altesse, d'avoir eu la bonté, & de m'oüyr, & de mettre de sa propre main, le Voile & la Couronne de Religieuse Professe sur la teste d'une de mes Nieces. Cette faveur est si extraordinaire, que je ne puis jamais la reconnoistre : Ie m'estime toutesfois heureux en cette occasion, puisque mon impuissance fait paroistre la grandeur de vôtre bienfait, & me donne, lieu d'esperer, MADAME, que Vôtre Altesse par cette inclination genereuse & Royalle, qui la porte à bien faire, sans se proposer (à

l'exemple de Dieu) d'autre satis-
faction, dans toutes les p'us belles,
& plus éclatantes actions de sa
vie , que la gloire d'avoir bien
fait ; recevra favorablement ce
discours, qui ne publie pas moins
la pieté d'une des plus grandes
Princesses du monde, que la pas-
sion que j'ay d'estre toute ma vie,
avec un tres grand respect.

MADAME,

de Vôtre Altesse ,

Le tres-humble & tres-
obeissant serviteur ,

GRAS.

DISCOVRS PRONONCE'
dans l'Eglise du Monastere de St. Guillen à Montpelier.

Quid retribuam Domino pro omnibus quæ retribuit mihi. Que rendray-je au Seigneur, pour tous les biens qu'il m'a fait. Au Psal.115.

Ave Maria.

LA Profession Religieuse qui se doit solemniser ce matin dans cette Eglise, peut estre diversement considerée, suivant les divers effets qu'elle produit.

On la peut prendre pour un
martyre, parcequ'elle oblige
à la virginité, qui est une espe-
ce de martyre, ou pour un
Mariage que l'on contracte
avec Iesus-Christ, ou pour une
dedicasse, qui consacre la Vierge Professe au Service Divin, & la rend le Temple du
Saint Esprit. Mais sans m'ar-
rester à tous ces titres, qui
pourroient fournir de matiere
à un long discours; Ie considere
cette Profession, comme une
donation, & comme un sacrifice. Et sans employer des paroles fort recherchées, & le
plus souvent superfluës; qui ne
sont pas propres d'une Cheze,
où ne doit paroitre que la ve-

rité, qui veut estre nüe, & sans
affectation ; Ie dis que la profession Religieuse qu'on faira
ce matin, est une donation,
par laquelle la Vierge Professe
donne à Dieu, ses biens, ses
plaisirs, & sa personne. Elle
donne ses biens, par le vœu de
pauvreté, ses plaisirs, par le
vœu de chasteté, & sa personne, par le vœu d'obeïssance :
Mais que dis-je donation ? se
peut il faire qu'on donne à
Dieu ce qui est à luy ? Par les
loix humaines le fils ne peut
faire aucune donation à son
Pere. Et la raison est, parceque
tout ce que le fils possede ap-
partient au Pere. Cette raison
a plus de force à l'égard de

Dieu; ſi nous conſiderons d'un
coſté la nature de la donation,
& de l'autre la perfeƈtion de
l'Eſtre Divin : La donation,
ſuivant la doƈtrine des Iuriſ-
conſultes, eſt un tranſport que
le donateur fait au donataire,
du domaine de la choſe don-
née. Cette definition nous apprend la difference qu'il y a entre les donations humaines &
les divines ; Qui conſiſte en ce
que par les donations humaines, le donateur ſe départ du
domaine de la choſe qu'il donne. Mais quand Dieu nous
donne quelque bien , ou ſpiri-
tuel, ou temporel ; il en con-
ſerve toujours la proprieté &
le domaine : & ne peut pas s'en

dépoüiller à caufe de la perfe-
ction de fa nature, & de l'Empire fouverain qu'il a fur toutes les creatures, en qualité de
Createur, & de Confervateur.
D'où s'enfuit, que l'homme ne
peut rien donner à Dieu, puis
que tout eft à luy : & qu'une
des plus illuftres preuves de la
Divinité eft cette indepen-
dence que cet Eftre Divin a
fur tout ce pu'il a créé, & qu'il
conferve.

Ce qu'un Poëte explique
fort bien, par ce vers qui reprefente la nature divine.

Ipfa fuis pollens opibus, nihil
indiga noftri.

Et David, grand Roy en la
Iudée, & grand ferviteur &

subjet au Royaume de Dieu,
dit à ce propos au psal. 15. *Deus
meus es tu , quoniam bonorum
meorum non eges.* I'ay conneu
que vous estiez mon Dieu, parceque vous pouvez vous passer
de moy. Dans cette connois-
sance , ce Roy Prophete , con-
siderant les grands biens qu'il
avoit receu de Dieu , & les
voulant reconnoistre , s'écrie
au psalme d'où j'ay pris mon
subjet. *Quid retribuam Domino,
pro omnibus quæ retribuit mihi.*
Comme s'il disoit ; I'ay des
grandes obligations à Dieu, il
m'a ellevé d'une Cabane Pa-
storale, au Trône Royal. Il m'a
comblé de richesses & de Tre-
sors , & par son assistance , j'ay

r'emporté des signalées victoires sur mes ennemys. Ce sont de grands bienfaits, qui demandent une grande reconnoissance. Mais, *Quid retrbuam Domino*, que sairay je pour le reconnoistre ? Que puis je donner à cet insigne bienfacteur ? Mes richesses ? Elles sont plus siennes que miennes ; Ma Couronne ? Il en est le maistre & Seigneur souverain. Mes biens, ma fortune, & ma personne sont à luy. Aprez ce raisonnement, & une secrete recherche de tout ce qui pouvoit estre en sa disposition, il conclud, *Vota mea Domino reddam*; Ie ne trouve rien qui soit à moy & que je puisse donner à Dieu, que mes vœus : les vœus que

j'ay fait de le servir, & d'obeïr
à sa loy tout le temps de ma
vie. Ces vœus sont miens, parcequ'ils sont des actions libres
de mavolonté: & bien que ma
volonté ne les ait peu faire, sans
l'assistance de la grace divine,
toutesfois cette grace ne pre-
venant pas ma volonté d'aucune contrainte, ou necessité : &
luy laissant la liberté entiere ;
le consentement que je luy ay
donné, est une action mienne;
& les vœus que ce consentement, assisté de la grace, produit, sont aussi miens, & je les
puis donner à Dieu. Ainsi, en
reconnoissance de tāt de biens
qu'il m'a fait , je luy rendray
mes vœus. Et afin que ces vœus

m'obligent davantage : *Vota mea Domino reddam coram omni populo ejus.* Ie rendray mes vœus folemnels, je les fairay en la prefence de tout fon peuple. Et continuant ce fubjet il reprefente les effets de fa reconnoiffance, & dit au mefme pfalme. *Pretiofa in confpectu Domini mors fanctorum ejus.* Il veut dire, que les vœus qu'il rendra à Dieu, le dépoüilleront des affections du monde, & le fairont mourir à fes vanitez. Cette mort, n'eft pas la mort des hommes, qui confifte en la feparation de l'Ame & du corps : C'eft la mort des Saints, qui fepare l'Ame des affections corporelles, terreftres , & periffables. Cette mort eft pretieufe devant les yeux de la Divinité. Parcequ'elle nous fait vivre d'une vie conforme à la vie de Iefus-Chrift; qui eft tres-pretieufe. Ou bien, parcequ'elle dépend des graces divines , qui nous font acquifes par le merite du Sang de Nôtre Redempteur , qui eft d'un prix ineftimable.

C'eft icy (ma chere fille qui devez eftre bien toft Profeffe) qu'il faut que vous confideriez la grandeur de vôtre condition. Elle eft reprefentée aujourd'huy par le Roy Prophete. Ses vœus fe rapportent aux vôtres. Ses obligations ont beaucoup de rapport à celles

que

que vous avez à Dieu. David
fut appellé de la qualité de
Berger, à la Majesté de Roy.
Vôtre vocation est semblable,
puisque le Saint Esprit, pre-
nant le nom d'Espous, & par-
lant à la Vierge qu'il a choisi
pour sa Servante, & pour son
Espouse : l'appelle Bergere.
Cet au premier Chapitre des
Cantiques, où respondant à
son Espouse, qui luy parloit
comme à un Berger, & luy
demandoit le lieu, où il pais-
soit son Troupeau. Il luy dit. *Si
ignoras te, ô pulcherrima inter
mulieres, abi post vestigia gregum
tuorum, & pasce hædos tuos juxta
tabernacula pastorum.* Mon Espouse, que j'ay fait la plus belle

B

de toutes les femmes , par les attraits de ma grace ; Si tu ne fçais pas le lieu, où je mene mes Brebis, fuis les traces de ton Troupeau , & conduis tes Chevraux, vers les tantes, & les cabanes des Pafteurs de cette contrée. Vous eftes cette Efpoufe, (ma chere fille) Le Saint Efprit, qui eft vôtre Efpoux , vous a retiré de la maifon de vôtre Pere, & vous a logé dans la fienne. Avant qu'il vous euft fait cette grace, vous n'eftiez au monde, pour ainfi parler, qu'une Bergere, qui paiffiez vos fens, comme des Brebis, qui brotent fur la terre, fans regarder le Ciel : Par le benefice de vôtre vocation, vôtre Divin Efpoux vous a efleüe de la Bergerie, á la dignité Royale de fa Servante, & de fon Efpoufe. En qualité d'Efpoufe, vous eftes Reine, puifque vôtre Efpoux, eft le Roy des Roys. En qualité de Servante de Dieu, vous eftes auffi Reyne, attendu qu'on ne peut fervir à Dieu fans regner. Ce que connoiffoit tres-bien un Empereur du dernier Siecle : lequel s'eftant dépoüillé de tous fes Eftats, en faveur de fon fils, fe retira dans une maifon champeftre, pour y fervir Dieu le refte de fes jours, & prit pour devife, ces belles paroles, *Servire Deo regnare eft*; c'eft regner de fervir à Dieu,

Aussi aprez avoir renoncé à son Empire, & à ses Couronnes; il ne cessa pas de regner ; au contraire il regnoit d'une façon plus noble , & plus glorieuse qu'auparavant. Avant sa retraite , il ne regnoit que sur les hommes, aprez sa retraite il regnoit sur les Roys , c'est à dire sur soy mesme : Et pouvoit dire avec un ancien Roy , ches le Poëte tragique. *Regnum deservi lubens , Regnum mei retineo.*

Mais si vôtre vocation (ma chere fille) est semblable à celle du Roy David , vôtre profession ne se raporte pas moins à sa reconnoissance. Nous venons de dire que ce Roy , en reconnoissance des biens qu'il avoit receu de sa divine Majesté, luy donna ses vœux, par lesquels il s'obligea de soûmettre sa personne, & sa Couronne aux loix Mosaïques : & de servir Dieu tout le temps de sa vie. De mesme, pour recónoistre les graces divines; Vous alez faire vôtre profession, qui sera une pareille donation de vos vœux, par lesquels vous promettrez à Dieu, d'obeir aux conseils Evangeliques, & de consacrer tous les jours & les momens de vôtre vie à son service. Cette donation sera solemnelle, comme celle de David : puis qu'elle se faira devant une si belle & si glorieuse

Assemblée. Cette donation detachera vôtre cœur des affections du monde, & vous faira mourir à tous les desirs des biens & des plaisirs de la terre. Cette mort sera semblable à celle de David, suivant l'opinion de Tertulian, qui expliquant ces paroles, *Pretiosa in conspectu Domini mors sanctorum ejus*, dit. *Mors Religiosorum*, la mort des personnes Religieuses, est pretieuse en la presence de Dieu. L'Eglise chante ce verset lors qu'elle celebre la mort des Martyrs. Et je l'applique avec juste raison, à la profession des Vierges Religieuses : puisque la virginité leur acquiert le merite & la

gloire du Martyre. C'eſt le
ſentiment de pluſieurs Peres,
& Docteurs , entre leſquels
Saint Ambroiſe au Sermon des
Vierges dit ; que la virginité
n'eſt pas tant recommandable,
pour ſe trouver aux Martyrs,
que parcequ'elle fait les Martyrs. Saint Hieroſme ſur ce
ſubjet , aſſeure que le Martyre
ne conſiſte pas ſeulement en
l'effuſion du ſang , mais encore
en l'effuſion des larmes, qui eſt
le partage des Vierges Religi-
euſes : qui vivent dans un eſtat
d'une penitence , & d'une
mortificatiõ continuelle. Ces
deux differens Martyrs ont
chacun leur Couronne , dit ce
Docteur , mais d'une diverſe

couleur. Ceux qui ont répandu leur sang, sont couronnez de roses, & la Couronne des Vierges, est tissuë des fleurs de lis. Le Martyre est un sacrifice, d'où vient que les Saintes Lettres appellent les Martyrs des Victimes. Et le Fils de Dieu dans son Evangile dit, que les Martyrs boiront son Calice, ce qui est propre du sacrifice. Mais Saint Laurens, cet illustre entre les Martyrs, nous apprend clairement cette verité. Il estoit Diacre de Saint Xiste Pontife Romain, l'assistant toujours, lorsqu'il sacrifioit à l'Autel. Et l'ayant rencontré quand il alloit au lieu où il devoit souffrir le Mar-

tyre, il luy tint ce langage.
où alez vous Saint Preftre, fans
vôtre Diacre ? Vous n'avez jamais facrifié fans moy , &
pourquoy m'abandonnez vous
maintenant , que vous alez fa-
crifier vôtre vie & vôtre fang :
& fouffrir la mort , pour le
foûtien de la caufe de Dieu.
Ainfi , puifque la Virginité eft
un martyre : & que le martyre
eft un facrifice. Concluons,
que la Profeffion Religieufe ,
qui fait les Vierges , n'a pas
feulement la qualité d'une
donation , comme je viens de
dire , mais encore celle d'un
facrifice , comme je vay faire
voir brievement.

Le Roy Prophete , aprez

avoir dit dans nôtre pſalme,
que pour reconnoiſtre les bienfaits divins, il rendroit à Dieu
ſes vœux. Adjoute en ſuitte,
Tibi ſacrificabo Hoſtiam laudis.
Comme s'il diſoit , que ſes
vœus , ſeroient une Hoſtie &
un Sacrifice de loüange. Le
Sacrifice de loüange, eſt la re-
cónoiſſance,& l'action de graces des biens que nous avons receu & recevons inceſſamment
de ſa bonté.C'eſt la confeſſion
que nous faiſons, de ſa grandeur , & de ſa gloire. Dieu de-
mande ce ſacrifice de nous,
comme un culte , & un ſervice
qui eſt également au pouvoir
des pauvres , & des riches , &
qu'on luy peut rendre **tous les**

jours, & à toutte heure. Plu-
tarque, au Traité qu'il a fait,
desd. Notables des Lacedemo-
niens, nous apprend qu'en
Lacedemoine, les Sacrifices
estoient simples & de peu de
valeur, afin qu'on ne cessat jamais d'honorer, & d'adorer
les Dieux. Ce Sacrifice, par lequel nous confessons la grandeur de Dieu, nous est d'autant plus necessaire, qu'aprez
cette confession nous ne luy
pouvons plus rien donner. Phi-
lon tres-sçavant entre les Iuifs,
remarque subtilement cette
verité, quant faisant des alle-
gories sur la Loy de Moyse, il
dit, que Lia femme de Iacob,
aprez qu'elle eut enfanté Iudas

qui fignifie confeffion *defiit pa-rere*, elle ceffa d'enfanter. Pour nous apprendre , qu'aprefque nous avons confeffé la grandeur de Dieu , nous ne pouvons plus rien faire pour fa gloire.

Vôtre Profeffion Religieufe, (Ma chere fille) eft un Sacrifice que vous fairez à Dieu, de vos biens, de vos plaifirs, & de vôtre perfonne ; c'eft un Sacrifice de loüangé , c'eft à dire, d'action de graces, & de reconnoiffance des bienfaits divins : Et parceque le Divin Bienfacteur, ne fe laffe jamais de bien faire. Vous devés continuer ce Sacrifice , durant tout le cours de vôtre viē, par

l'obſervation de vos vœus, par
la ſoumiſſion de vôtre volonté
à celle de vos ſuperieurs, & par
les loüanges divines que vous
devez chanter nuit & jour
dans cette religieuſe Maiſon.
Par ce Sacrifice vous confeſ-
ſerez auſſi la grandeur de Dieu
ſoubs laquelle vos vœus vous
humilieront. Et d'autant qu'il
n'y a rien qui faſſe plus paroi-
ſtre la grandeur divine que la
ſoumiſſion de la volonté hu-
maine , qui deſcend d'un vœu.
Vôtre abaiſſement elevera la
grandeur de Dieu , & décou-
vrira la gloire de ſa puiſſance.
Reconnoiſſez icy (Ma chere
fille) le bonheur de vôtre pro-
feſſion , cheriſſez la , & beniſ-

fez le Ciel, comme la fource
d'où découlent fur vôtre tefte,
les divines benedictions. Mais
aprez que vous aurez regardé
le Ciel, jettez les yeux fur cette Chreftienne & genereufe
Princeffe, qui eft icy prefente,
& veut prefter fa main à Dieu,
pour mettre fur vôtre tefte le
Voile & la Couronne de Religieufe Profeffe. Cette main, qui
travaille plus pour la gloire de
Dieu, que pour la fienne propre. Cette main, qui reveft,
fert, & vifitte Iefus-Chrift, en
la perfonne des pauvres, des
malades, & des prifonniers;
Cette main, qui eft l'organe
de la mifericorde de Dieu.
Cette main, qui foutient la

dignité de Princeſſe, par de ſi eminantes vertus, que pour grande que ſoit cette dignité, ſes vertus la ſurpaſſent. Cette glorieuſe main mettra ſur vôtre teſte, le Voile & la Couronne de Vierge Profeſſe, qui vous rendra l'Éſpouſe du Roy des Roys, & couronnera tous vos deſirs. C'eſt une obligation immortelle, que vous & tous les vôtres avons à cette grande Princeſſe, nous n'en devons jamais perdre le ſouvenir, & vous devez ſolliciter inceſſamment le Ciel, pour ſa conſervation, & pour ſa gloire.

Aprez cela. Je n'ay qu'à ſupplier tres-humblement la Divine Bonté, qu'elle daigne accepter vôtre donation, & vôtre sacrifice ; & qu'en consideration de vos vœus, & de vôtre profession, Elle vous continuë le reste de vos jours, les graces, & les faveurs, qu'elle vous a fait aujourd'huy. Ainsi soit-il.

COMPLIMENT.

DV CHAPITRE CA-
thedral de Montpelier. Fait à Monseigneur de Vernüeil, Duc & Pair de France, Gouverneur & Lieutenant General pour le Roy, en la Province de Languedoc, en Novembre 1672. par M. ESTIENE GRAS, Chanoine & Chantre de ce Chapitre.

MONSEIGNEVR,

Il n'apartiént qu'aux Grands
Princes comme vous de rem-

plir les Provinces de bonheur,
& de ioye, par leur feule pre-
fance. Cette Province reçoit
ces favorables effets de la prefence de Vôtre Alteffe, quand
le Ciel nous le ramene, lorfque
le Soleil par fon éloignement
nous laiffe dans des froideurs,
qui nous fairoient regretter les
ardeurs que produit fa lumiere;
fi la grande fatisfaction que
nous donne la prefence de V.
A. ne nous empechoit de fentir
la rigueur de la faifon ; & ne
faifoit revenir les douceurs du
Printemps, au commancement
de l'hyver ; Cette grace tres-
obligeante, revient tous les ans
à cette Province, par vôtre retour, qui approche V. A. de

nous , lorſque le Soleil s'en
éloigne. Mais il faut advoüer,
Monſeigneur , que cette année l'obligation eſt d'autant
plus grande , que cette grace ſe
trouve accompagnée de toutes les graces , qui ſont inſepa-
rables de la perſonne de Madame vôtre Eſpouſe : qui vient
honorer cette Province de ſa
preſence : pour rendre ſon ſe-
jour , le plus heureux de l'uni-
vers , & pour accomplir nôtre
ioye ; qui ne pouvoit eſtre entiere , tant que nous ne joüiſ-
ſions que de la moytié de Vôtre
Alteſſe , aprez l'étroite union
de vôtre Mariage. Maintenant
le concours de vos Alteſſes icy
preſentes , porte nôtre bon-

heur au deſſus de nos eſperan-
ces , & ne nous promet rien
moins qu'une grande proſperité : qui eſt immanquable ,
puiſque le Ciel nous en donne
aujourd'huy des preſages , fai-
ſant que comme l'aſpect des
Iumeaux celeſtes , appaiſe les
vagues eſmües de la Mer ; la
preſence de V. A. avec celle de
vôtre moytié , calme le grand
orage dont nous eſtions me-
nacés ce matin , remet la ſere-
nité , & preſage le beau temps
qui doit rendre heureuſe cette
Province. Dans l'attente d'un
bien tant deſiré : tous les Or-
dres qui compoſent vôtre
Gouvernement , reſſantět une
ioye tres parfaite , de la pre-

fence de vos Alteſſes. Et Meſſieurs du Chapitre Cathedral
de cette Ville qui ſont icy pre-
ſens, donnent mille benedictions à vôtre retour ſi bien ac-
compagné ; preſentent tous
les jours leurs ſacrifices au Ciel,
pour la gloire de vôtre perſonne , & pour la proſperité de
vôtre mariage, & ſont en general & en particulier , avec un
profond reſpect , & ſoumiſſion. Monſeigneur, vos tres-
humbles , & tres-obeiſſans ſer-
viteurs.

COMPLIMENT.

DV

CHAPITRE CATHEDRAL
de Montpelier, fait à Madame la Du-
cheſſe de Vernüeil, en Novembre
1672. par M. ESTIENE GRAS,
Chanoine & Chantre de ce Chapitre,

MADAME,

Meſſieurs du Chapitre Cathedral de cette Ville, viennent
rendre par ma bouche leurs
tres-humbles devoirs à Vôtre
Alteſſe: & l'aſſeurer, que dans
la ioye publique ; ils reçoivent

une fatisfaction particuliere de
vôtre prefence. Ils la confide-
rent , comme une grace que
leurs vœus ont obtenu du Ciel,
comme une finguliere faveur,
que Vôtre Alteffe fait à la Ville de Montpelier, comme un
Aftre qui donne beaucoup d'é-
clat aux beaux jours du bas
Languedoc, & comme un heureux prefage de la felicité de
cette Province. C'eft une verité conftante , que les grandes
Princeffes comme vous, Madame, ont beaucoup de rapport avec le Soleil. Nous en
voyons la preuve, en la perfonne de Vôtre Alteffe , puifque
comme ce grand œil du monde , qui découvre toutes les

beautés de la terre, par l'eſplen-
deur de ſa lumiere ; remplit l'u-
nivers de ioye, & de richeſſes.
La preſence de Vôtre Alteſſe,
que nous avõs l'hõneur de voir
cette année , rejoüit nos yeux
& nos cœurs, eveille nos eſpe-
rances , & nous promet l'a-
bondance de toute ſorte de
de biens. Et ſi le Soleil qui
voit tout , ne voit point de
beauté qui ſoit égale à la ſienne.
Nous avoüions auſſi , Madame,
que nos yeux ne trouvét point
d'objet plus beau , & plus ac-
comply , que la preſence de
Vôtre Alteſſe : qui nous eſt
d'autant plus agreable qu'elle
eſt plus rare , & plus long-
temps deſirée. Mais vous agré-

erez, Madame, qu'à l'advenir,
pour la conservation de vôtre
personne, qui devroit estre immortelle ; comme vos vertus,
dont la gloire ne mourra jamais : vos bons serviteurs defi-
rent de voir plus souvent, Vo-
stre Altesse en ce climat ; sur lequel le Soleil répend de lumie-
res si belles, & si bienfaisantes
au corps humain : que nous voyons tous les jours des famil-
les Illustres, qui viennent dans
ce païs , des terres les plus
éloignées, pour y joüir de la
bonté de l'air, & pour y recou-
vrer la santé. Celle de Vôtre
Altesse nous est si chere ,
Madame, qu'elle nous oblige
de souhaitter icy vôtre preséce,

ne doutant pas , que noſtre climat ne vous ſoit tres-favora-
ble , & ne s'eſtime heureux de
contribuer ſes meilleures qua-
litez à la conſervation de Voſtre Alteſſe : en reconnoiſſan-
ce des biens , qu'il recevra de
voſtre pieté , qui ne ſe laſſe jamais de bien faire. C'eſt où ten-
dent les vœus & les prieres de
Meſſieurs du Chapitre Cathedral de cette Ville , icy pre-
ſans, qui ne ceſſent de ſolliciter
le Ciel pour voſtre proſperité,
& qui ſont avec un tres grand
reſpect, Madame , Vos tres-
humbles & tres obeïſſans ſer-
viteurs

www.ingramcontent.com/pod-product-compliance
Lightning Source LLC
LaVergne TN
LVHW021659080426
835510LV00011B/1479